AF338313

A MES COLLÈGUES DU SÉNAT

Le 16 mai dernier, lorsqu'éclata inopinément la nouvelle
du renvoi du ministère Jules Simon, je me trouvais avec
un de nos collègues, homme d'âge et d'expérience.

« Mais, lui dis-je un peu ému, c'est le lever de rideau
» d'un coup d'Etat ! »

— « Non, me répondit-il avec un calme qui me surprit,
» c'est le renvoi du ministère Martignac. Vous allez avoir
» le ministère Polignac... et le reste.»

Ce qui suivit semble bien lui avoir donné raison. Et en
y réfléchissant, on est effrayé de la similitude des deux
situations.

A la tête du pouvoir exécutif un homme honnête,
Charles X, d'intelligence peu étendue ; rempli de bonnes
intentions, mais imbu de préjugés hostiles à la liberté ; à la
fois faible et entêté.

Autour de lui de dangereuses suggestions de famille,
des amis compromettants, et la puissante influence de la
congrégation.

Entre lui et le pays, le ministère Martignac, composé
d'hommes intelligents et loyaux ; mais que Charles X
n'aimait pas, auquel il laissait faire autour de lui une

guerre sourde, dont toutes les mesures étaient contre-carrées, et qui était ainsi rendu impuissant et suspect.

En face de lui une Chambre récemment nommée, dans laquelle l'opinion libérale se trouvait pour la première fois en majorité, ardente et un peu inexpérimentée, et dans laquelle le ministère se trouva plus d'une fois en minorité, non par défaut de confiance de la majorité, mais par des surprises de scrutins dans lesquels la droite, tantôt par l'appoint imprévu de ses votes, tantôt par une tactique d'abstention, donnait une majorité apparente aux amendements proposés par la fraction la plus avancée de la gauche.

La presse libérale, soupçonneuse, hésitait à soutenir le ministère (1).

Et enfin la masse du pays, faisant bénéficier le roi de l'attitude libérale de son ministère ; croyant à sa fidélité à la Charte ; et par ses acclamations laissant Charles X se persuader que c'était à sa personne et non à son Gouvernement que s'adressaient ces manifestations sympathiques : ce malheureux monarque crut au prestige de son nom.

Et le 8 août 1829, éclata brusquement cette révolution de palais préparée en secret dans l'entourage intime du roi. Le ministère Martignac était, tout à coup, renvoyé de la même manière et sous les mêmes prétextes que, le 16 mai, fut renvoyé le ministère Jules Simon, qui avait vécu dans les mêmes conditions et au milieu des mêmes obstacles.

*
* *

---

(1) « C'est le plus grand reproche que ma vieillesse fasse à ma » jeunesse, » dit dans ses mémoires un journaliste illustre, M. de Saint-Marc Girardin... « de n'avoir pas défendu ce ministère avec » assez de foi et d'ardeur.

« Ç'a été le tort du parti libéral en 1828 et 1829 de ne donner à » M. de Martignac qu'un appui défiant et réservé. »

L'effet produit fut le même qu'au 16 mai.

Je ne veux pas rappeler ce qu'était le ministère Polignac ; je ne pourrais parler de la légèreté et de l'infatuation qui ternissaient les brillantes qualités de M. le prince de Polignac, sans paraître faire une allusion personnelle à tel membre du ministère nouveau. Mais je crois pouvoir dire que l'impopularité du ministère Polignac était loin de dépasser celle du ministère de Broglie-Fourtou. Et cependant, de même qu'au 18 mai, les noms des nouveaux ministres parurent comme un défi à l'opinion et l'annonce d'entreprises contre les libertés publiques.

Alors, comme aujourd'hui, le Gouvernement se défendait de toute intention mauvaise, et, de bonne foi sans aucun doute, protestait de sa fidélité à la Charte.

Mais alors, comme aujourd'hui, ses propres amis le compromettaient, et le ton des journaux qui soutenaient alors le ministère, n'était au fond guère moins vif qu'aujourd'hui.

« Plus de concessions ! disait l'un, le *combat* est rétabli entre la royauté et la Révolution ! »

« Dès qu'un plan est conçu, s'écriait un autre, il faut le » suivre *jusqu'au bout.* »

Aller jusqu'au bout était déjà le mot d'ordre qu'affichait le parti du roi.

En revanche le langage de la presse libérale était alors ce qu'il est aujourd'hui. Pour n'en citer qu'un exemple, le *Journal des Débats,* qui à cette époque comme de nos jours, était le plus modéré des journaux constitutionnels, accueillait le ministère par cet article, qu'un procès de presse a rendu fameux. « Les voilà donc encore une fois » brisés, ces liens d'amour et de confiance qui unissaient » le peuple au monarque... etc. »

« Marchez, écrivait M. de Saint-Marc Girardin dans le

» même journal en s'adressant aux ministres, marchez
» donc sous l'aiguillon de la nécessité aux abîmes des
» coups d'Etat ! »

Même polémique, mêmes idées, presque mêmes phrases qu'aujourd'hui.

Mêmes effets aussi sur le parlement :

L'adresse des 221 n'était pas moins ferme que l'ordre du jour voté le 17 mai par la Chambre des députés, et que la proclamation des 361 qui répondit au message du 18 mai.

Alors comme aujourd'hui, sous l'empire des mêmes nécessités, le pouvoir exécutif prononça la prorogation des Chambres pour se donner le temps de remanier le personnel administratif et préparer la dissolution qui fut proclamée le 16 mai.

Mais ici, je l'espère, s'arrêtera l'analogie des deux situations.

Le droit de dissolution, en 1830, appartenait exclusivement au roi : et, par conséquent, rien ne pouvait plus l'arrêter sur la pente fatale où glissait la monarchie.

Aujourd'hui, au contraire, la Constitution, en prévision de pareil péril, a attaché une amarre qui peut encore arrêter le Gouvernement sur le courant où il va à la dérive :

Le Sénat a le droit de refuser la dissolution.

C'est une bien grande responsabilité que celle en face de laquelle se trouvera le Sénat, le jour forcément très-prochain, où le Gouvernement viendra lui demander l'autorisation de dissoudre la Chambre des Députés !

Si nous disons *oui*, si nous votons la dissolution, notre vote lève la barrière, et la lutte est ouverte entre le pouvoir exécutif et la Chambre issue du suffrage universel.

Quelles en seraient les conséquences ?

En pareille occasion, M. de Polignac, en 1830, se croyait certain d'une majorité de 40 voix. Mais ses illusions se comprenaient.

Charles X, après tout, était *Roi;* il représentait un principe et une force. Le cri de « Vive le roi » était encore populaire ; et, par sa proclamation électorale du 13 juin, le roi venait de jeter résolûment son nom dans la bataille. Il avait derrière lui un parti compact, uni ; il était servi par une administration homogène, complète, connaissant non-seulement le pays, mais on peut le dire, chacun des électeurs. Avec de pareilles forces, il n'était pas ridicule de penser que ce corps « d'électeurs à cent écus » effrayé des conséquences de son vote, ébranlé par les sollicitations individuelles, n'oserait pas, reculerait quelque peu, sinon dans les grandes villes, au moins dans un certain nombre de colléges ruraux.

Enfin, une heureuse coïncidence permettait de jeter à la France, au milieu même des élections, la glorieuse nouvelle de la prise d'Alger.

Rien n'y fit : les 221 revinrent. Ils revinrent 270.

Aujourd'hui, vous avez affaire au suffrage universel qui se meut, comme les flots de l'océan, par grandes masses, et sous l'empire de courants puissants.

La forme républicaine a bénéficié des années de calme et de prospérité matérielle que nous venons de traverser.

La France s'accoutume à la République ; les manifestations de sa volonté deviennent de plus en plus nettes ; nous sommes au lendemain de ces élections de 1876 qui, en dépit des efforts administratifs les plus énergiques, ont été une affirmation républicaine dont l'amplitude a dépassé de beaucoup les craintes des uns, les espérances des autres ; — et sans rien avoir à proposer en remplacement de la République, sans pouvoir, par conséquent, essayer de donner une direction déterminée au courant, vous espérez faire rebrousser chemin à ce flot qui s'avance toujours plus puissant !

Avec quoi ? Est-ce avec cette poignée d'inconnus que vous jetez au hasard dans les préfectures, les sous-préfectures et les administrations ?

Après l'expérience de 1876, qui pourrait garder pareille illusion !

Comptez-vous sur le prestige du nom de M. le maréchal de Mac-Mahon ?

Mais, pour si respectable que soit ce nom, il faut pourtant bien convenir qu'il ne représente ni une tradition dix fois séculaire comme le nom de Charles X, ni une légende démocratique et guerrière, comme le nom de Napoléon. Il n'a pas derrière lui cinq millions et demi de suffrages populaires comme le président de 1851 ; il n'est pas sorti du suffrage universel, mais bien d'une très-faible majorité d'une assemblée qui, elle-même, n'était plus populaire.

Il représente uniquement le titulaire d'une fonction amovible, qui lui-même a succédé à un autre titulaire, et auquel d'autres succéderont.

Tenter de faire autour de ce nom une émotion plébiscitaire serait, aujourd'hui plus que jamais, une entreprise téméraire et grosse de périls. Il y a, que l'on y songe bien, il y a d'autres noms que le pays a sur les lèvres. Et il ne serait bon, ni pour l'ordre, ni pour la liberté, que l'un de ces noms fût imposé par une sorte de plébiscite au lieu de sortir par les voies légales du libre choix d'un congrès parlementaire.

Il est, d'ailleurs, impossible de méconnaître que, loin d'avoir affaibli le parti républicain, le 16 mai a doublé ses forces en lui imposant l'union, en y rétablissant la discipline et en lui donnant un mot d'ordre d'une puissance déjà éprouvée, *la réélection des 561*.

Il me semble donc guère possible d'en douter, les 361 reviendront, ils reviendront plus nombreux et plus forts.

———

Mais après?

Croire qu'après cette commotion électorale qui aura passionné, non plus, comme en 1830, une classe de citoyens, mais toute la masse de la nation jusqu'en ses derniers replis, croire qu'après ce soulèvement légal et d'autant plus puissant de l'opinion publique, le parti républicain ne reviendra pas avec des exigences nouvelles, ce serait méconnaître la nature humaine et mettre en singulier oubli et les leçons de l'histoire et les règles implacables de la logique.

Au lendemain de cette victoire populaire, les plus modérés eux-mêmes ne pourront plus s'arrêter aux changements de personnes qui, aujourd'hui, suffiraient à conjurer la tempête que l'on provoque. Ils reviendront avec un programme imposé par l'opinion surexcitée qui se demandera d'où est venue cette crise subite qui l'a surprise en pleine paix; qui exigera des garanties contre le retour de pareilles tourmentes, désastreuses pour le travail, désastreuses pour la stabilité des institutions, désastreuses pour la sécurité même de la nation.

On se demandera, et avec quelque raison malheureusement, si le Sénat que la Constitution a institué précisément à l'effet d'empêcher ces brusques conflits, n'a pas failli à sa mission.

On recherchera comment et pourquoi cette Chambre haute qui pouvait arrêter la crise à son origine, se sera faite la complice de ceux qui l'ont provoquée.

Et on ne peut se dissimuler que cet argument de fait enlèverait singulièrement d'autorité aux défenseurs de cette institution.

Non-seulement je regarderais, quant à moi, la suppression du Sénat comme un malheur pour la liberté, l'ordre et la stabilité du Gouvernement; mais je considérerais même comme un véritable danger tout affaiblissement sérieux de ses prérogatives ou toute modification trop profonde dans son mode d'organisation et de recrutement.

Mais cependant ! il faudra bien, alors, accepter dans une certaine mesure les conséquences des faits accomplis, et subir en quelque manière la sanction des responsabilités encourues. Et il ne servirait à rien d'en reculer l'échéance, car la question une fois posée irait en s'envenimant jusqu'à l'époque, quelle qu'elle soit, d'une révision de la Constitution.

Conservateurs du Sénat, est-ce là une chose désirable?

J'entends bien une clameur de voix déjà entendues en 1851 qui me crient : « Mais non ! le Maréchal ira *jusqu'au* » *bout* : Cette Chambre du suffrage universel, si elle ré- » siste, il la jettera par la fenêtre. Et même par la force il » rétablira l'*ordre*. »

Hélas ! nous ne savons que trop ce qu'est cet *ordre* sorti

des coups de mains militaires! Nous savons ce qu'il coûte, nous savons ce qu'il serait et ce qu'il coûterait.

Ce ne serait plus seulement ce « *poison assoupissant* » que flétrissait à la tribune de l'Assemblée nationale *feu* M. le duc de Broglie; ce serait aujourd'hui un poison mortel, mortel pour la liberté, mortel pour la patrie, deux fois mutilée à la suite de pareilles aventures.

Je sais bien qu'il ne manque pas d'hommes affolés par la passion ou aiguillonnés par d'autres mobiles moins avouables, qui poussent à ce criminel dénouement; je sais que quelques-uns des noms qu'ont ressuscités les derniers événements ont alarmé l'opinion; je sais qu'une presse factieuse pousse cyniquement le Maréchal à la violation des lois; je sais que l'impunité inexplicable qui couvre ces articles odieux (1) a paru à quelques esprits soupçonneux comme un indice de complicité de la part tout au moins de quelques-uns des membres du nouveau Gouvernement.

Pour moi, je ne puis m'arrêter à de pareilles suppositions. Je suis loin d'approuver ce qui a été fait au 16 mai; mais je n'en tiens pas moins M. le maréchal de Mac-Mahon pour un homme loyal, incapable d'un crime pareil; et j'estime que les imprudents qui le compromettent par leurs invocations factieuses lui adressent un outrage immérité. Quant à ses ministres, quels que soient les sentiments de défiance que m'inspirent quelques-uns d'eux, je ne puis croire qu'il s'en trouve aucun qui consentît à prêter les mains à un acte de haute trahison.

---

(1) Au moment où j'écris ceci, il n'y a aucune poursuite annoncée contre les journaux auxquels je fais allusion; mais peut-être au moment où ces lignes seront publiées, le Gouvernement aura-t-il donné cette satisfaction aux alarmes de l'opinion.

Mais enfin, en supposant même qu'il fallût envisager cette éventualité néfaste comme l'une des conséquences possibles du conflit qui s'engagerait entre la nation et le pouvoir exécutif, je me demande quel est le parti qui aurait intérêt à entraîner le pays à de pareilles catastrophes ?

Je ne parle pas, bien entendu, du parti bonapartiste. Tout ce qui est trouble, conflits, appel à la violence, fait trop bien ses affaires pour que son vote soit douteux. Il s'efforcera, peut-être, avant le vote, de dissimuler sa joie; elle donnerait à penser aux autres partis; mais il votera, avec bonheur, la dissolution.

Mais les légitimistes, eux, qui ont la conviction de représenter le droit, eux qui (et je le dis à leur honneur) sont restés et ont été laissés absolument à l'écart des agissements du 16 mai, quel intérêt auraient-ils à émettre un vote si gros d'orages ?

Leur honneur et leur intérêt est de tenir leur drapeau au-dessus et en-dehors de toute aventure révolutionnaire : agir autrement, ce serait perdre irrévocablement le rôle et l'influence que, surtout dans la chambre haute, leur a conservé le respect même de leurs adversaires politiques.

Enfin, ils aiment la France; et ils ne sont pas gens à la livrer, dans je ne sais quel intérêt de parti, aux éventualités sanglantes d'une conspiration militaire, pas plus qu'aux redoutables inconnus des commotions populaires.

Quant aux orléanistes... Oui, je le sais, on les a accusés et on les accuse encore, avec une certaine persistance, de ne pas être étrangers aux manipulations occultes qui ont préparé la crise actuelle.

L'attitude énigmatique de plusieurs des représentants les plus autorisés de ce parti, des déclarations, des paroles qui ont paru étranges, même aux amis personnels des hauts personnages de qui elles émanaient, ont singulièrement contribué à entretenir ces méfiances.

Mais est-il cependant bien certain que ces accusations ne soient pas propagées par ceux-là mêmes qui voudraient dans un tout autre intérêt, éliminer des approches du gouvernement tout élément de conciliation, et se réserver d'une manière exclusive et absolue la direction d'un mouvement qu'ils espèrent mener à ses dernières limites de violence ?

J'ai peine à croire, je l'avoue, que l'orléanisme oublie que, si, pour bon nombre d'esprits modérés, il reste comme une sorte de réserve contre l'hypothèse où les fautes du gouvernement auraient désaffectionné la nation de la forme républicaine, ce n'est qu'à la condition qu'il restera fidèle à ses traditions libérales et parlementaires.

Si, en 1830, dans des circonstances analogues, son chef Louis-Philippe d'Orléans eut adhéré aux ordonnances de Juillet, le parti orléaniste n'existerait pas :

Si, aujourd'hui, il prend parti contre le suffrage universel, s'il s'associe à ceux qui reprennent à leur compte l'aventure de 1830, s'il vote la dissolution, il votera, du même coup, sa déchéance définitive, et il supprimera tout intermédiaire entre ces deux formes de la démocratie l'*Empire ou la République*.

** **

Pour ce qui est du parti républicain, il a pour lui la constitution et la loi ; il n'a qu'à rester sur la défensive.

Etant données les épreuves par lesquelles il a passé et l'esprit politique dont il a fait preuve jusqu'ici, il n'est pas à supposer qu'il consentira à compromettre les résultats acquis en paraissant se faire le complice d'une politique que le pays désapprouve et dont les élections prochaines seraient une éclatante condamnation.

Je sais bien qu'il existe une fraction ardente qui voudrait profiter de l'état d'irritation actuelle de l'opinion pour obtenir des résultats électoraux qu'elle sait ne pouvoir espérer en des temps plus calmes ; qui voit dans la dissolution faite en pleine crise, un moyen d'arriver à imposer ses doctrines non moins dangereuses pour l'ordre et la liberté que les doctrines mêmes de la dictature et du despotisme.

Je ne sais si ce parti violent a beaucoup de représentants à la Chambre, mais je veux espérer qu'il n'en a pas au Sénat.

* *

Cependant j'ai entendu plusieurs de nos collègues, et non des moins considérables soit par l'autorité de leurs noms, soit par la modération et l'honnêteté de leurs convictions, dire :

« Non, nous n'approuvons pas le 16 mai. Nous avons
» dès le premier moment considéré cette aventure comme
» inopportune et fàcheuse à tous égards; oui, nous consi-
» dérons que la dissolution serait une mesure regrettable,
» pleine d'inconnu et de dangers. Mais, si M. le Maréchal
» nous demande de voter la dissolution, nous ne voulons
» pas abandonner le Maréchal : nous voterons la dissolu-
» tion. »

Tout d'abord, cette manière de dévouement aveugle à la

personne de M. le Maréchal a quelque chose de chevale-
resque·qui fait illusion.

Mais à l'examiner de plus près, il s'en faut qu'un tel rai-
sonnement puisse satisfaire une conscience honnête.

Si par le vote d'une mesure que vous jugez mauvaise et
dangereuse vous n'exposiez que votre personne ou votre
fortune, c'est bien ; vous auriez le *droit* d'en agir ainsi.

Mais est-ce que par hasard il ne s'agit ici que de vos
intérêts personnels ? Est-ce que ce n'est pas, non pas
nous, mais la patrie que nous engageons par notre vote

Est-ce que, nous, qui sommes ses mandataires, nous
pouvons sans trahir notre mandat, sacrifier les destinées
de la France à n'importe quelle personnalité, si chère
qu'elle nous puisse être?

Est-ce qu'un tel langage est digne, je ne dis pas d'un
homme politique, mais d'un bon citoyen ? et même d'un
honnête homme ?

Si vous ne voulez pas vous résoudre, en pareille circons-
tance, à voter contre M. le Maréchal, vous n'avez qu'un seul
moyen : *donnez votre démission.*

Mais tant que vous conserverez le titre de sénateur, vous
restez responsable, envers vos concitoyens, envers votre
conscience, du mandat que vous avez accepté.

Mais, dit-on, si nous refusons la dissolution, notre vote
peut entraîner la démission de M. le Président de la République ; et nous aurons ainsi la responsabilité de provo-
quer non pas une crise ministérielle, mais une crise gou-
vernementale.

Examinons froidement cette hypothèse.

Tout d'abord il importe de rappeler que la demande de

dissolution est un acte de gouvernement qui, de même que tous les autres actes de cette nature, n'engage, aux termes de l'art. 6 de la loi constitutionnelle du 25 février, que la responsabilité des ministres.

Un vote négatif du Sénat n'atteindrait donc que le ministère et non pas le Président de la République : et on ne voit pas pourquoi ce dernier donnerait sa démission sur ce vote plutôt que sur tout autre incident politique.

Que si un président de République, sortant de son rôle constitutionnel, essayait, par la menace d'une démission, d'exercer une pression sur le vote du Sénat, ce seul fait constituerait une violation de l'esprit et du texte de la Constitution. Le Sénat, que ses attributions constituent plus spécialement le gardien du pacte constitutionnel, ne saurait, sans mettre en oubli ses droits et par conséquent ses devoirs, s'associer à un acte de cette nature.

D'ailleurs, à quoi servirait-il de céder ?

Le dilemme que le Président oserait poser au Sénat se poserait à plus forte raison devant la nation. Et alors qu'aurions-nous fait, sinon de laisser la crise se prolonger et prendre dans un autre milieu des proportions et une intensité redoutable pour tous.

Si, au pis aller, M. le Président cédant aux colères de l'amour-propre plutôt qu'aux conseils d'un patriotisme réfléchi, donnait sa démission, les deux Chambres procéderaient « *immédiatement* » dit la Constitution, à la nomination de son successeur. Et la crise à peine ouverte serait terminée en quelques heures.

Mais nous aurions épargné au pays la longue agitation, l'inquiétude et les dangers d'une élection d'où dépendrait le maintien ou le renversement, non d'un ministère, mais du chef même de l'Etat.

Car il n'y a malheureusement plus à s'en dédire : c'est bien ainsi que la question a été posée par le message du 18 mai, message lu aux deux Chambres, publié et affiché par toute la France, et dont les déclarations imprudentes sont désormais irrévocables.

Les élections seraient un véritable plébiscite avec tous ses dangers, dangers que de cruelles expériences nous ont appris à redouter.

Ces agitations, ces angoisses, ces périls, le Sénat peut les éviter à la France en refusant la dissolution.

C'est le seul parti digne d'une Assemblée qui ne se borne pas à faire parade de ses sentiments conservateurs, mais qui sait les appliquer avec résolution lorsqu'il en est besoin.

Assez souvent le Sénat a montré sa fermeté à résister aux ardeurs de la Chambre des Députés : voici l'heure de faire preuve d'une égale fermeté au regard du pouvoir exécutif.

Que le Sénat ait cette énergie; qu'il prenne résolûment en mains cette haute direction politique à laquelle le convie la constitution; — la confiance de la nation l'en récompensera; son autorité désormais indiscutable s'imposera à tous; et la force morale qu'il aura conquise ne sera pas moins profitable aux intérêts de l'ordre qu'à ceux d'une sage liberté.

En résumé :

Lorsque je me demande, comme c'est notre devoir à tous, quelles seraient dans les circonstances actuelles la conséquence d'un vote de dissolution,

Soit que j'interroge les souvenirs du passé, soit que je suive les indications de la raison,

Je ne vois que deux partis qui puissent avoir intérêt à jeter le pays dans la crise redoutable qu'ouvrirait notre vote : ·

Le parti bonapartiste,

Et le parti révolutionnaire.

Or le triomphe de l'un ou de l'autre m'apparaît comme un égal malheur pour la France, et je ne puis sans effroi envisager la portée d'une telle hypothèse.

Croyez-bien, mes chers collègues, qu'il a fallu que cette inquiétude fût bien poignante pour me décider à vous soumettre ces réflexions, — n'ayant ni un nom suffisamment autorisé pour les patronner, ni le talent nécessaire pour leur donner au moins l'attrait d'une forme littéraire.

Ce qui, toutefois, m'enhardit à le faire, c'est que j'ai conscience qu'elles ne sont inspirées que par un sentiment qui nous est commun à tous :

Un ardent et sincère amour de la Patrie.

UN SÉNATEUR.

VERSAILLES. — IMPRIMERIE CERF ET FILS, 59, RUE DUPLESSIS.